ANALISI DEL LIBRO

Confessioni
di una maschera

· · · · · · · · · · · ·

Yukio Mishima

ANALISI DEL LIBRO

Scritto da Natalia Torres Behar
Tradotto da Sara Rossi

Confessioni
di una maschera

YUKIO MISHIMA

YUKIO MISHIMA

ROMANZIERE, POETA E DRAMMATURGO GIAPPONESE

- **Nato a Tokyo nel 1925.**
- **;orto a Tokyo nel 1970.**
- **Premi letterari:**
  - Premio Shincho, 1954 (per *Il suono delle onde*)
  - Premio Yomiuri per il miglior romanzo, 1956 (per *Il tempio del padiglione d'oro*)
- **Opere degne di nota:**
  - *Il tempio del padiglione d'oro* (1956), romanzo
  - *Il marinaio che perse la grazia del mare* (1963), romanzo
  - *Il mare della fertilità* (1969-1971), tetralogia

Yukio Mishima era lo pseudonimo di Kimitake Hiraoka, uno dei più importanti scrittori giapponesi del XX secolo. La sua opera è stata molto varia, spaziando dalle opere teatrali nel classico stile giapponese Noh e dai romanzi d'amore alla narrativa letteraria e alle sceneggiature. Inoltre, la sua carriera non si limitò alla scrittura: fu anche attore, modello, praticante di karate e kendo, compositore, direttore d'orchestra, attivista politico e fondatore di una milizia privata.

La figura più importante dell'infanzia di Mishima fu la nonna Natsuko, che lo separò dai suoi familiari per diversi anni durante la prima infanzia e lo crebbe in un isolamento quasi totale, lasciandolo solo a giocare con le sue bambole per ore e ore. Natsuko era ossessionata dalla morte e dai suoi legami con l'aristocrazia, ed entrambi questi tratti influenzarono notevolmente la personalità del futuro scrittore. Quando Mishima aveva dodici anni, fu restituito alla custodia dei genitori. Il resto della sua educazione fu dominata dal padre, un funzionario governativo ossessionato dalla disciplina e dal patriottismo, che si riflette anche nella sua produzione letteraria. Anche la crisi in cui il Giappone era piombato in seguito alla Seconda guerra mondiale ha fornito una grande quantità di ispirazione per la scrittura di Mishima, che esplora spesso le strette relazioni tra corpo e mente e tra la vita di una persona e le sue opere.

Mishima ha frequentato bar gay per tutta la vita, ma ha tenuto segreta la sua attrazione per gli uomini a causa degli atteggiamenti intolleranti dell'epoca in cui ha vissuto. Nel 1958 sposò Yoko Sugiyama, dalla quale ebbe due figli.

Nel 1968 Mishima fondò la Tatenokai ("Società dello scudo"), una piccola milizia privata di cui era il comandante e che aveva giurato di proteggere l'imperatore (o, per essere più precisi, la figura dell'imperatore). Il 25 novembre 1970, Mishima e altri quattro membri della Tatenokai entrarono nell'ufficio di un comandante di alto rango dell'esercito giapponese, lo legarono alla sedia e tennero un discorso ai soldati riuniti sotto il balcone dell'ufficio, esortandoli a prendere il potere e a riportare l'imperatore al potere. Tuttavia, il suo discorso fu accolto con scherno, così tornò nell'ufficio del comandante e commise *seppuku* (suicidio rituale) con l'aiuto degli altri membri della milizia.

CONFESSIONI DI UNA MASCHERA

UN'ESPLORAZIONE DEL TUMULTO INTERIORE

- **Genere:** romanzo/autobiografia
- **Edizione di riferimento:** Mishima, Y. (2007) *Confessioni di una maschera*. Trans. Weatherby, M. Londra: Peter Owen.
- **1° edizione:** 1949
- **Temi:** immaginario, bellezza, infanzia, memoria, morte, sessualità

Confessioni di una maschera fu il primo successo letterario di Mishima. Questo romanzo cupo si presenta come la biografia (o probabilmente un'autobiografia, come discuteremo più avanti in questa guida) di un giovane ragazzo ossessionato dalla morte e dal sesso.

Nel corso del romanzo, il ragazzo scopre la propria omosessualità attraverso una serie di incontri strani e intensi, caratterizzati da sogni, immagini cruente ma serene dell'arte classica e dal trambusto della città che lo circonda. Tuttavia, è costretto a nascondere i suoi impulsi dietro una maschera di normalità e di comportamento socialmente accettabile.

SINTESI

UN'INFANZIA MALATICCIA

Questo non è un romanzo che asseconda il lettore. Fin dalla frase di apertura, siamo consapevoli che Kochan, il protagonista, è un ragazzo malaticcio, ma ha la mente matura di un adulto: "Per molti anni ho sostenuto di poter ricordare cose viste al momento della mia nascita" (p. 1).

Kochan viene separato dai genitori in tenera età, poiché la nonna ritiene che debba essere lei a crescerlo. La nonna tiene il ragazzo, malaticcio ma curioso, rinchiuso in una piccola stanza, dove viene lasciato a giocare con le bambole insieme alle sue cugine. Non avendo altre possibilità, passa il tempo leggendo e osservando il mondo che lo circonda. Mentre è assorto in questa osservazione, un'immagine lo colpisce in modo particolare, anche se non sa bene perché: un giovane muscoloso che cammina per strada portando secchi di escrementi su un giogo sopra le spalle. È particolarmente affascinato dall'immagine dei suoi blue jeans macchiati e vorrebbe poter prendere il posto di quell'uomo e lavorare come sterratore notturno.

Questa non è l'unica esperienza che cattura l'immaginazione di Kochan: è anche affascinato da un'illustrazione di un cavaliere medievale che si rivela essere Giovanna d'Arco e dall'odore di sudore che aleggia intorno a una truppa militare, e sogna spesso di uccidere o di essere ucciso, il che gli fa nascere il desiderio di vivere il momento della morte nella realtà. Queste esperienze si rivelano formative per il giovane protagonista.

LA FRECCIA DI SAN SEBASTIANO

Man mano che Kochan cresce, la morte diventa l'ossessione centrale della sua vita. Tuttavia, come analizzeremo in dettaglio più avanti in questa guida, egli non associa la morte solo alla violenza e alla decadenza, ma anche all'erotismo e alla sessualità. In particolare, in una delle scene più memorabili del romanzo (che si svolge dopo che Kochan ha compiuto 12 anni, ha lasciato le cure della nonna e si è iscritto a scuola), Kochan sfoglia uno dei libri del padre, che contiene fotografie di sculture e arte italiana, e scopre un'immagine che lo affascina completamente: *San Sebastiano* di Guido Reni.

Kochan è profondamente colpito da questa immagine e, per la prima volta nel romanzo, la sua omosessualità viene resa evidente invece di essere semplicemente allusa come una corrente latente che attraversa i suoi pensieri infantili: "Quel giorno, nell'istante in cui guardai il quadro, tutto il mio essere tremò di una gioia pagana. Il mio sangue salì, i miei lombi si gonfiarono come in preda all'ira" (p. 40). Nelle precedenti occasioni in cui un'immagine o un profumo specifico avevano catturato l'immaginazione di Kochan, l'impulso o il desiderio che ne derivava era sempre rimasto senza nome e gli era sembrato quasi irrazionale. Tuttavia, quando vede l'immagine di *San Sebastiano*, è in grado di identificare per la prima volta il desiderio che suscita in lui. In effetti, questo desiderio è così forte che la voce dietro la maschera scrive un poema in prosa che descrive l'immagine e il suo desiderio per essa, e il dipinto lo ispira a masturbarsi ed eiaculare per la prima volta.

MENTE E CORPO

Da adolescente, Kochan si innamora di un ragazzo della sua scuola, Omi. Per Kochan è assolutamente impossibile reprimere i suoi pensieri, i suoi sentimenti e la sua passione; al contrario, essi diventano totalizzanti e presto diventa ossessionato da varie parti del corpo di Omi. Tuttavia, queste ossessioni non sono necessariamente di natura sessuale: ad esempio, è affascinato dall'ascella di Omi.

Omi non è mentalmente dotato come Kochan, ma è forte e molto virile. Ogni contatto con lui, anche se fugace, dà a Kochan un brivido. Ad esempio, elabora delle strategie da utilizzare durante le partite a Dirty con gli altri ragazzi della scuola, il cui scopo è quello di avvicinarsi di soppiatto all'avversario e afferrarne i genitali. Segue un episodio che si svolge in un freddo pomeriggio d'inverno, durante il quale Omi tocca le guance di Kochan con le mani raffreddate dalla neve. Da quel momento Kochan è sicuro di essere innamorato di Omi.

Kochan soffre di anemia e inizia ad avere sogni febbrili. In una di queste visioni, si immagina come il capo di un campo di gladiatori, dove i gladiatori si uccidono a vicenda per il suo divertimento e i loro corpi senza vita sono il fulcro di una serie di cerimonie raccapriccianti. In un altro sogno, immagina un elegante banchetto in cui gli ospiti banchettano con il cadavere di uno dei suoi compagni di classe. Kochan bacia la bocca del cadavere e ordina di posizionarlo a faccia in su in modo che si veda il suo petto nudo.

ANDARE CONTROCORRENTE

Kochan è ora all'università ed è ancora combattuto tra l'accettazione e la lotta contro le sue tendenze sadiche e la sua omosessualità. Seduce persino una donna di nome Sonoko e cerca di innamorarsi di lei, e inizialmente gli è facile nascondere i suoi veri sentimenti; si convince persino di essere diventato eterosessuale. Tuttavia, quando si baciano per la prima volta, diventa evidente che le sue ossessioni sono più forti che mai. I due si lasciano dopo la Seconda Guerra Mondiale, durante la quale Kochan viene mandato a lavorare come impiegato amministrativo in una fabbrica di aeroplani, dove gli è impossibile sfuggire ai propri pensieri. Una notte si reca in un bordello per verificare se è in grado di provare desiderio per una donna, senza successo, e molti anni dopo incontra per l'ultima volta Sonoko, ormai sposata.

STUDIO DEL CARATTERE

Quando si analizzano i personaggi di *Confessioni di una maschera*, è importante tenere presente che, come allude il titolo del romanzo, il libro è incentrato su un personaggio che funge anche da lente attraverso la quale guardiamo tutti gli altri personaggi. Tuttavia, questo personaggio centrale ha due personalità: la "maschera" che indossa per adattarsi alla società e la sua natura innata, che è nascosta e molto meno chiaramente definita.

KOCHAN

Le analogie tra Kochan e Mishima sono numerose; è molto probabile, infatti, che il personaggio di Kochan sia una sorta di alter ego dell'autore. È più che il protagonista del romanzo: è l'unico personaggio della storia che conta davvero, perché il suo ego smisurato analizza al microscopio anche gli eventi più insignificanti, per poi filtrarli attraverso la lente della perversione. Visti attraverso gli occhi ossessivi e sadici di Kochan, gli altri personaggi sembrano più marionette che danzano su fili che individui tridimensionali, e Kochan fornisce spesso al lettore interpretazioni crude e minuziosamente dettagliate di ciò che potrebbero rappresentare.

Oltre a fungere da lente attraverso cui il lettore guarda gli altri personaggi, Kochan interpreta il duplice ruolo di maschera e di persona dietro la maschera, e sviluppa intense ossessioni per la bellezza, la forza e la morte che, con l'avanzare dell'età, vengono sempre più definite ed espresse attraverso il linguaggio. Tuttavia, queste ossessioni entrano in costante conflitto con il suo desiderio di essere accettato dalla società. Di conseguenza, benché i suoi pensieri e il suo stile di scrittura siano pieni di fronzoli stravaganti, egli si presenta al resto del mondo come un individuo estremamente timido e introspettivo, che parla raramente con gli altri. Allo stesso modo, il suo corpo non è altro che una maschera debole e contratta che ospita una voce potente ma nascosta che analizza e critica costantemente il mondo che lo circonda. In effetti, è forse più facile paragonare Kochan a un critico d'arte o letterario, la cui scrittura e i cui pensieri sono ispirati dalle immagini e dalle persone che lo circondano, piuttosto che a uno scrittore di narrativa la cui ispirazione viene dall'interno.

LA NONNA DI KOCHAN

Alla nonna di Kochan non viene mai dato un nome. È un personaggio strano, che compare soprattutto nelle prime pagine del romanzo ed è estremamente orgogliosa del suo nobile lignaggio. Il nonno, invece, proviene da origini più umili e ha fatto fortuna grazie a rischiosi affari. La nonna di Kochan lo alleva fino all'età di 12 anni, durante i quali lo tiene appartato, senza intrattenere nessuno, se non le bambole e gli abiti femminili con cui si veste. La nonna è una figura contraddittoria, autoritaria e severa, ma anche viziata e stravagante, e le sue cure si rivelano una forte influenza nella formazione della personalità di Kochan.

OMI

Il personaggio di Omi si contrappone nettamente a Kochan: mentre la personalità di Kochan è complessa, sfaccettata e parzialmente nascosta dietro la maschera di un corpo inutile, gli altri personaggi sembrano più che altro dei semplici corpi senza la benché minima scintilla di vita che si nasconde dietro le maschere che indossano. Sebbene Kochan non svolga esattamente il ruolo di burattinaio che fa danzare questi gusci vuoti al suo ritmo, passa il suo tempo a valutarli costantemente, e Omi in particolare sembra quasi un corpo senza anima. Sebbene non sia intelligente, è molto virile e ha un fisico tonico come quello dell'uomo della terra notturna che Kochan vide da bambino. Tuttavia, Omi è anche pervaso da una sorta di innocenza fanciullesca: mentre gioca con i suoi amici a vedere chi è il più bravo ad afferrare i testicoli dei compagni (Omi vince sempre), Kochan si limita a guardarli e ad analizzarli. In questa situazione, Omi è l'oggetto del desiderio: non parla e i suoi pensieri non sono mai resi evidenti al lettore. Il suo ruolo nel romanzo è semplicemente quello di fungere da equivalente tangibile delle immagini inanimate che avevano precedentemente risvegliato i desideri di Kochan, in modo che egli possa proiettare questi desideri su un'altra persona viva e vegeta.

SONOKO

Sebbene Kochan si accorga di non essere in grado di innamorarsi di Sonoko o di provare desiderio per lei, la ragazza svolge un ruolo essenziale nella storia, in quanto funge da catalizzatore per la sua consapevolezza di non poter sfuggire o sopprimere la sua personalità e i suoi pensieri. Nonostante ciò, all'inizio cerca di convincersi di essere innamorato di Sonoko e la sua relazione con lei sembra addirittura modificare la sua prospettiva a un certo punto:

> *"In tutta la mia vita il mio cuore non era mai stato così toccato dalla vista della bellezza di una donna. Il mio petto palpitava, mi sentivo purificato. Il lettore che mi ha seguito fin qui probabilmente si rifiuterà di credere a ciò che sto dicendo. Dubiterà di me perché sembrerà che non ci sia alcuna differenza tra il mio amore artificiale e non corrisposto per la sorella di Nukada e il palpito del petto di cui sto parlando, perché sembrerà che non ci sia alcuna ragione apparente per cui solo in questa occasione non avrei dovuto sottoporre le mie emozioni a quell'analisi spietata che avevo usato nel caso precedente". (p. 142)*

Sonoko rappresenta un punto di svolta e una conferma per Kochan, ma anche un aspetto diverso della bellezza: pur essendo bella, come Omi e il dipinto *San Sebastiano*, Kochan non è attratto da lei. Negli altri casi, la sua attrazione e le successive ossessioni sembravano guidate da una sorta di impulso morboso, mentre in questo caso i processi di pensiero di Kochan non lo portano a pervertire o sessualizzare la sua bellezza, lasciandola pura.

ANALISI

FORMA

Romanzo o autobiografia?

In termini di genere, la questione più importante da affrontare quando si analizza *Confessioni di una maschera* è se si tratta di un romanzo di finzione o di un'autobiografia. Il romanzo contiene certamente elementi autobiografici tratti dalla vita di Mishima stesso, come la sua prima infanzia con la nonna e la sua omosessualità segreta, ma limitarsi a contare le intersezioni tra finzione e vita reale è un esercizio in definitiva inutile. In questa sezione ci concentreremo invece sui modi in cui questo genere è costruito.

Confessioni di una maschera è scritto in prima persona, una scelta importante da parte dell'autore, perché permette al lettore di conoscere molto più a fondo la personalità e le prospettive del protagonista, che può parlare esplicitamente della sua vita e delle cose che ha fatto. Questo stile di scrittura si può far risalire alle *Confessioni* (397-400 circa) di Sant'Agostino (354-430), un'autobiografia spirituale in cui il santo descrive la sua precedente vita peccaminosa e il modo in cui ha conosciuto Dio.

L'intenzione di Mishima nello scrivere *Confessioni di una maschera* può sembrare simile: descrivere un punto di svolta nella vita di un individuo che gli dà l'opportunità di trasformarsi da una cosa in un'altra. Tuttavia, questo paragone non è del tutto calzante, perché se *Confessioni di una maschera* riecheggia per certi versi le *Confessioni* di Sant'Agostino, il processo è invertito. Invece di seguire una struttura in tre parti chiaramente definita che consiste in una vita peccaminosa, una trasformazione e un comportamento riformato, il protagonista di Mishima semplicemente continua a sviluppare sempre più ossessioni e rifiuta l'opportunità di trasformarsi (o, più precisamente, giunge alla conclusione che la trasformazione è impossibile). Sebbene la trasformazione del modo di pensare di Kochan quando incontra Sonoko induca il lettore a pensare che egli cambierà e si innamorerà di una donna, questo apparente cambiamento non dura a lungo.

In altre parole, la trasformazione non è mai una questione permanente per il protagonista di questo romanzo. Anche se l'uso della parola "confessioni" nel titolo potrebbe essere interpretato come un segno che Kochan subirà una trasformazione (poiché le confessioni sono di solito associate all'intenzione di cambiare), ciò non avviene mai veramente. Infatti, se paragoniamo la struttura di *Confessioni di una maschera* alla struttura in tre parti utilizzata nelle *Confessioni* di Sant'Agostino, si potrebbe riassumere come segue: il protagonista è ossessionato dalla bellezza, dal sesso e dalla morte; la sua vita normale viene sconvolta quando incontra una donna; scaccia la donna dalla sua mente e torna a essere ossessionato dalla bellezza, dal sesso e dalla morte.

Il romanzo è anche piuttosto all'avanguardia, anche se a prima vista può non sembrarlo. Per molti versi, è un prodotto del suo tempo: non aderisce ai principi del ragionamento logico perché è stato scritto in un'epoca in cui le persone di tutto il mondo non erano più sicure della propria identità a causa dei disordini causati dalla Seconda guerra mondiale, della crescente liberazione sessuale, dell'emergere del campo della psicoanalisi e di nuovi modi di vedere il mondo.

In breve, *Confessioni di una maschera* non è una confessione nel senso convenzionale del termine, e la storia che racconta non segue nemmeno la tradizionale struttura narrativa di inizio, metà e fine. Al contrario, il romanzo esplora una serie di linee di pensiero diverse entro i confini di una prospettiva specifica. In realtà, non si tratta tanto di una storia quanto di un'esplorazione della psiche del protagonista che utilizza il linguaggio come mezzo per scandagliare le profondità dell'animo umano e portare alla luce tutte le peculiarità che vi si nascondono.

La voce della maschera

Come abbiamo già detto, *Confessioni di una maschera* presenta una voce narrativa molto particolare, che osserva il mondo e lo ruminerà. In questa sezione cercheremo di definire questa voce analizzando tre aspetti del romanzo e del suo uso del linguaggio: in primo luogo, il tema della memoria; in secondo luogo, le immagini; in terzo luogo, lo stile di scrittura.

In primo luogo, è interessante notare che Kochan sta raccontando la storia della sua vita nel presente, anche se non siamo mai informati su quando esattamente, poiché Kochan non menziona mai alcun aspetto della sua vita attuale. Poiché l'intero romanzo è scritto sotto forma di ricordi degli eventi passati che hanno trasformato il protagonista nella persona che è oggi, possiamo dire che la voce narrativa del romanzo è definita in primo luogo dal suo affidamento alla memoria.

In secondo luogo, questi ricordi sono sempre accompagnati da immagini, come l'illustrazione di un libro o una fotografia, che danno forma e fondamento alla memoria. Quasi tutti i ricordi d'infanzia di Kochan sono legati a un qualche tipo di arte, di solito sotto forma di copia o di replica, il che significa che la voce narrativa del romanzo può essere più precisamente definita dal suo uso ricorrente di oggetti replicati in un'immagine; questa immagine diventa quindi fissa nella memoria del narratore e impregnata di significato.

Infine, questa interazione tra immagini e memoria è strettamente legata anche all'atto della scrittura; ad esempio, poco dopo aver visto il quadro di *San Sebastiano*, Kochan scrive un poema in prosa di diverse pagine per esplorare i suoi pensieri sul quadro e la sua ossessione per esso. In altre parole, possiamo definire il processo narrativo del romanzo come segue: gli oggetti vengono replicati in immagini, che vengono poi ricordate dal narratore, dando origine al processo di pensiero che porta all'atto della scrittura e che definisce così la voce narrativa utilizzata dalla "maschera". In questo modo, Kochan è in grado di condividere il suo mondo interiore con il lettore sotto forma di un trattato sulla morte, la bellezza e l'erotismo, scritto nello stile di una critica letteraria.

TEMI

Immagini e bellezza

Come abbiamo già detto, l'immaginario è la fonte principale dei pensieri che alimentano la voce narrante. In generale, lo stile di scrittura di Mishima è molto visivo: ad esempio, il suo ultimo romanzo *La decadenza dell'angelo* (1971) si apre con una bellissima descrizione del sole che sorge su un porto, dedicando più pagine all'immagine del luccichio della luce solare riflessa dalle onde e permettendo al lettore di immergersi a tal punto nella scena descritta da sentire quasi la brezza marina sulla guancia.

In *Confessioni di una maschera*, le immagini sono presentate come la fonte ultima della bellezza. Tuttavia, come viene chiarito fin dall'inizio attraverso l'epigrafe del romanzo, tratta da *I fratelli Karamazov* (1880) di Fëdor Dostoevskij (scrittore russo, 1821-1881), la bellezza non è intrinsecamente morale e può essere buona o cattiva. In altre parole, la bellezza può essere trovata in qualcosa di puro come il sorriso di un neonato o in qualcosa di distruttivo come le spirali di fumo che si alzano dal luogo di un'esplosione mortale. Questa idea viene esplorata nel romanzo in diverse occasioni, come quando Kochan riesce a trovare la bellezza nella morte di uno dei suoi compagni di classe e nelle macchie di escrementi.

In effetti, il romanzo collega spesso l'idea di bellezza a fenomeni, oggetti ed esseri in via di decadenza. Mishima sviluppa ulteriormente questa idea ne *Il tempio del padiglione d'oro* (1956), un romanzo incentrato su un monaco talmente ossessionato da un bellissimo tempio da decidere di bruciarlo per non essere più perseguitato dalla sua vista. Nella scrittura di Mishima, la bellezza porta all'ossessione e deve quindi essere distrutta.

Le immagini belle sono una costante in *Confessioni di una maschera*, ma di solito si tratta di copie o repliche, come fotografie di sculture o illustrazioni di libri. È come se Kochan non fosse in grado di sperimentare la bellezza in prima persona attraverso il contatto diretto con la sua fonte; è invece costretto ad accontentarsi di una mera eco di essa.

Infanzia e memoria

L'infanzia e la memoria sono chiaramente presentati come due dei punti focali del romanzo. L'intera storia è raccontata dalla prospettiva della memoria e gli elementi chiave della personalità di Kochan si dimostrano essere stati radicati in lui durante l'infanzia.

Questi due aspetti del romanzo sono strettamente legati, poiché l'infanzia è spesso la fonte dei nostri ricordi più cari. Inoltre, sebbene l'intero romanzo sia realizzato con grande maestria, gli episodi che si svolgono durante l'infanzia di Kochan sono particolarmente avvincenti e permettono al lettore di conoscere le esperienze formative che hanno dato origine alle ossessioni, alle idiosincrasie, ai pensieri oscuri, agli impulsi sessuali e alla vitalità del narratore di oggi.

Allo stesso modo, i ricordi d'infanzia di Kochan sono presentati in modo dispersivo e caotico, a riprova dell'incapacità di comprendere o articolare i desideri nascenti e gli impulsi sessuali sperimentati in quegli anni:

> *"L'esame che feci del giovane fu insolitamente ravvicinato per un bambino di quattro anni. Anche se allora non lo percepivo chiaramente, egli rappresentava per me la prima rivelazione di un certo potere, la prima chiamata da parte di una certa voce strana e segreta. È significativo che questa mi si sia manifestata per la prima volta sotto forma di un uomo del suolo notturno: gli escrementi sono un simbolo della terra, e senza dubbio era l'amore maligno della Madre Terra che mi chiamava".* (p. 8)

Poiché Kochan è ancora troppo giovane per avere un concetto di sesso, sceglie inconsciamente di fissarsi sui pantaloni dell'uomo invece che su un aspetto più apertamente sessuale del suo aspetto, e in generale si trova attratto da oggetti che agiscono come simboli fallici:

> *"Ricordo chiaramente che il mio desiderio aveva due punti focali. Il primo erano i suoi "thigh-pullers" blu scuro [...] I jeans aderenti delineavano chiaramente la metà inferiore del suo corpo, che si muoveva agilmente e sembrava camminare direttamente verso di me. Nacque in me un'inesprimibile adorazione per quei pantaloni. Non capivo perché".* (p. 9)

Scrittori come Lacan (2001) hanno suggerito che, come i loro corpi, i desideri dei bambini non sono completamente formati: sono semplicemente un insieme di impulsi senza direzione che non possono essere espressi attraverso il linguaggio. Allo stesso modo, i desideri dell'infanzia di Kochan sono espressi attraverso frasi confuse e strani ricordi apparentemente slegati. In effetti, l'intero romanzo è costituito da impulsi ricordati e desideri informi, descritti con uno stile di scrittura non convenzionale che fa eco alla natura di questi sentimenti come qualcosa che si colloca al di fuori dei confini delle convenzioni sociali.

Morte e sessualità

Kochan non vede la sessualità come una questione semplice che può essere ridotta a qualcosa di semplice come la riproduzione o il piacere: per lui è molto più complessa. Il sesso è strettamente legato alla morte, in particolare attraverso Kochan e la sua passività. Il romanzo non presenta scene di sesso in senso convenzionale; al contrario, il tema del sesso è presente nel romanzo solo attraverso l'immaginazione e la fantasia del protagonista. Inoltre, poiché la masturbazione ispirata dall'immaginazione è l'unico atto sessuale che viene compiuto nel romanzo, l'elemento riproduttivo del sesso è completamente assente.

Nella mente di Kochan, invece, il sesso è intrinsecamente legato alla morte:

> *"Lì, nel mio teatro degli omicidi, giovani gladiatori romani offrivano le loro vite per il mio divertimento; e tutte le morti che avvenivano lì non solo dovevano traboccare di sangue, ma dovevano anche essere eseguite con tutte le dovute cerimonie. Mi dilettavo con tutte le forme di pena capitale e con tutti gli strumenti di esecuzione". (pp. 92-93)*

Questa citazione chiarisce che lo spettacolo e la teatralità sono anche elementi chiave di questa sessualità morbosa, o morte sessualizzata. Le fantasie con cui Kochan si masturba sono estremamente complesse: spesso attingono a riferimenti classici, e sono lunghe sequenze barocche in cui la gratificazione immediata o non attenuata è meno importante della costruzione di un paradiso immaginario e della ruminazione sugli effetti del piacere sul corpo.

Questa stretta relazione tra vita e decadenza, o tra sessualità e morte, non è un concetto nuovo. Freud ne parla in termini di due impulsi contrapposti, noti come istinto di vita e istinto di morte, e sostiene che il nostro istinto di vita assume la forma di una serie di impulsi inconsci (mangiare, creare, riprodursi, ecc.) che in ultima analisi assicurano che la sopravvivenza sia la nostra priorità principale. Tuttavia, sperimentiamo anche l'istinto di morte, che assume la forma di un certo desiderio di tornare a uno stato inanimato. L'opera di Mishima fa eco a quella di Freud, insistendo sul fatto che questi due impulsi sono inestricabilmente connessi.

L'esempio più evidente di questa relazione tra sesso e morte è l'immagine di *San Sebastiano*. Mishima si addentra in dettagli lussureggianti e suggestivi descrivendo il modo in cui il dipinto esibisce una certa estetica pagana, pur raffigurando un santo cattolico: il soggetto sembra pacifico, e sembra perfettamente soddisfatto del suo destino nonostante le numerose frecce che affondano nel suo corpo (e naturalmente le frecce possono essere interpretate come simboli fallici). L'immagine è troppo ambigua perché lo spettatore possa sapere con certezza se il santo stia gemendo di dolore o di piacere, e Mishima sfrutta appieno questo dualismo, usandolo per riecheggiare il modo in cui Kochan si trova costantemente combattuto tra questi due estremi.

ULTERIORI RIFLESSIONI

ALCUNE DOMANDE SU CUI RIFLETTERE...

• Descrivete la personalità di Kochan. Fino a che punto riuscite a immedesimarvi in lui?

• Secondo voi, quali aspetti della società moderna (bere, fumare, internet, televisione, ecc.) potrebbero essere collegati al rapporto tra sesso e morte, come esplorato in questo romanzo?

• Di quali malattie soffre Kochan e come influenzano la sua personale visione del mondo?

• Che ruolo ha il teatro nel romanzo?

• Che ruolo ha la guerra nel romanzo?

• Secondo voi, cosa sta accadendo nella vita attuale di Kochan mentre racconta il romanzo?

ULTERIORI LETTURE

EDIZIONE DI RIFERIMENTO

Mishima, Y. (2007) *Confessioni di una maschera*. Trans. Weatherby, M. Londra: Peter Owen.

STUDI DI RIFERIMENTO

Freud, S. (1990) *Al di là del principio di piacere*. Trans. Strachey, J. New York: W. W. Norton.

Lacan, J. (2001) La fase dello specchio come formativa della funzione dell'*io: Una selezione*. Trans. Sheridan, A. Abingdon: Routledge, pp. 1-8.

Nathan, J. (2000) *Mishima: A Biography*. Boston: Da Capo Press.

Yourcenar, M. (2001) *Mishima: Una visione del vuoto*. Trans. Manguel, A. Chicago: University of Chicago Press.

FONTI ICONOGRAFICHE

San Sebastiano di Guido Reni. © Marie-Lan Nguyen.

Vogliamo sapere da voi!
Lasciate un commento sulla vostra biblioteca online
e condividete i vostri libri preferiti sui social media!

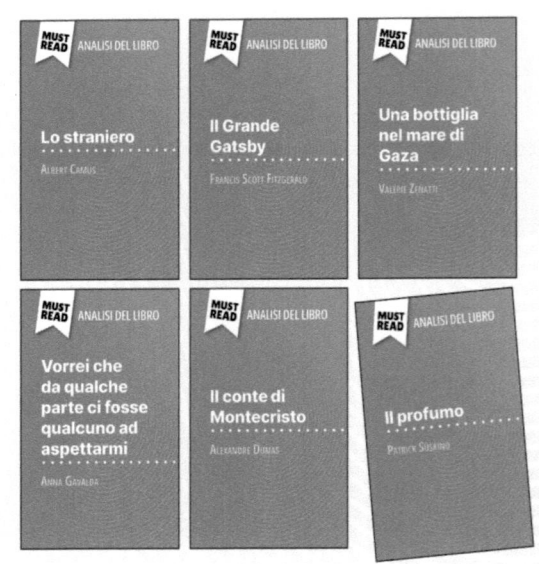

Sebbene l'editore faccia ogni sforzo per verificare l'accuratezza delle informazioni pubblicate, 50minutes.com non si assume alcuna responsabilità per il contenuto di questo libro.

www.50minutes.com

Master ISBN: 9782808690966
ISBN cartaceo: 9782808612364
Deposito legale: D/2023/12603/1516

Copertura: © Primento

Concezione digitale a cura di Primento, il partner digitale degli editori.